Arras - « Avant la Guerre »

IMAGES·HISTORIQUES

LE·MÉMORIAL·DES·CITÉS·RAVAGÉES

CAMILLE ENLART

ARRAS
AVANT·LA·GUERRE

H. LAURENS
ÉDITEUR·PARIS

ARRAS
AVANT LA GUERRE

IMAGES HISTORIQUES

Parus :

La Marseillaise et Le Chant du Départ.

Un Sacre a Reims : Le Sacre de Louis XV.

La Colonne de la Grande-Armée.

Reims avant la Guerre.

Soissons avant la Guerre.

La Guerre au quinzième siècle.

L'Arc de Triomphe de l'Étoile.

En préparation :

La Bastille.

Reims pendant et après la Guerre.

Soissons pendant et après la Guerre.

Arras pendant et après la Guerre.

IMPRIMERIE CH. HÉRISSEY
ÉVREUX

IMAGES HISTORIQUES

LE MÉMORIAL DES CITÉS RAVAGÉES

ARRAS
AVANT LA GUERRE

PAR

CAMILLE ENLART

DIRECTEUR DU MUSÉE DE SCULPTURE COMPARÉE

TRENTE-DEUX ILLUSTRATIONS

PARIS

HENRI LAURENS, ÉDITEUR

6, Rue de Tournon, 6

Tous droits de traduction et de reproduction réservés pour tous pays.
Copyright by Henri Laurens, 1916.

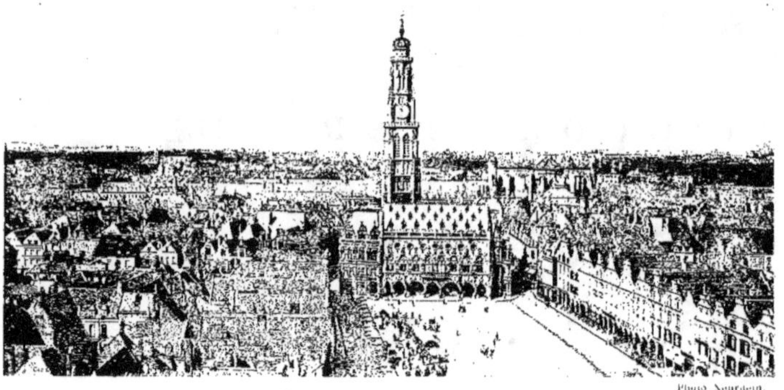

La Petite Place et l'Hôtel de Ville.

LE MÉMORIAL DES CITÉS RAVAGÉES

ARRAS

AVANT LA GUERRE

Texte de Camille ENLART.

Sur la route, naguère très fréquentée, de Paris à Lille, après l'embranchement de Longueau, les collines, les arbres et les cours d'eau devenaient plus rares, tandis que se multipliaient les champs de betteraves et les cheminées d'usines.

Les plaines de l'Artois, à la différence de celles de la Champagne, ne rachetaient pas leur pauvreté pittoresque par le nombre et l'intérêt de leurs monuments, aussi l'apparition des silhouettes d'Arras était-elle saluée par le voyageur comme une joie des yeux.

De très loin, apparaissait une colline entourée de quelques bouquets d'arbres et portant deux hautes tours jumelles, reliées par une galerie. Ce spécimen imposant de l'architecture du xviiie siècle, analogue à la façade de Saint-Sulpice, marquait l'emplacement d'une des plus illustres abbayes du nord de la France, le Mont Saint-Eloi. A la veille de la Révolution, les

Photo Lévy.
COURONNEMENT DU BEFFROI
par Jacques Le Caron de Marchiennes.
Restauré en 1841.

moines avaient entrepris de la reconstruire en entier. De cette œuvre interrompue, il ne subsistait guère que la façade de l'église. Plantée comme une sentinelle avancée sur sa colline, elle surveillait au loin la plaine ; c'était l'ornement de toute la contrée.

Dans cette plaine, Arras reposait sur une presqu'île verdoyante, que la Scarpe et le Crinchon sertissent d'un filet argenté. La ligne sensiblement égale de ses toits n'était guère coupée que par la masse du palais de Saint-Vaast, par quelques cheminées et quelques clochers peu importants, mais au centre se dressait, svelte et puissante à la fois, une tour de 75 mètres, à la silhouette originale.

C'était le plus haut de nos beffrois, et, comme un empereur, il portait la couronne fermée.

Sur cette calotte à jour, se dressait un colossal lion héraldique en bronze, tenant la bannière d'Artois, évocatrice d'un long et glorieux passé.

Dès le IVe siècle, Arras fut renommée pour ses tissus ; à la fin du Moyen âge, c'étaient ses tapisseries que l'on vantait, à tel point qu'en italien, les tapisseries, d'où qu'elles viennent, se disent *Arazzi*.

Successivement ruinée par Attila, puis par les Normands, Arras fut rebâtie au XIe siècle et se divisa dès lors en *ville* et *cité*, celle-ci appartenant au roi et à l'évêque ; tandis que la première était au comte et à l'abbé de Saint-Vaast.

En mai 1105, une épidémie terrible, le *Mal des Ardents*, prit fin miraculeusement, la Vierge étant apparue à deux ménestrels, Normand et Stiers, pour les réconcilier et leur remettre un cierge extraordinaire : la *Sainte-Chandelle*. Cette relique singulière était le palladium d'Arras. Enchâssée dans une admirable custode d'argent, elle reposait, depuis le XIIIe siècle, dans une chapelle en forme de

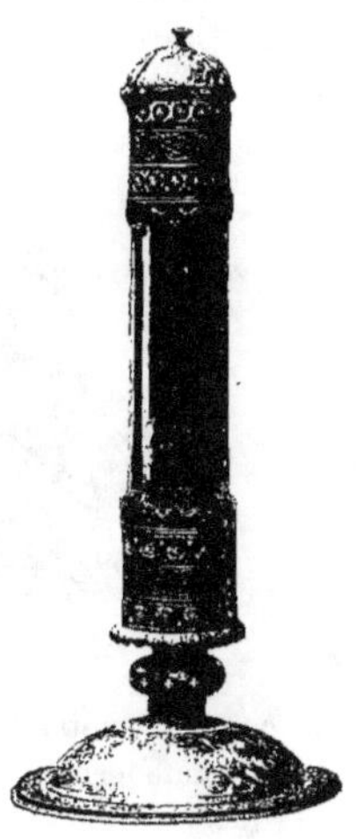

RELIQUAIRE D'ARGENT
repoussé et niellé de la Sainte-
Chandelle, XIIIe siècle.

tourelle à jour dressée au milieu de la place. Le reliquaire nous est resté ;

L'Hôtel de Ville.

la chapelle, détruite à la Révolution, avait inspiré à l'architecte Grigny le
clocher moderne des Ursulines.

Les jongleurs et ménestrels, que protégeait Notre-Dame des Ardents,
étaient en grande considération dans Arras. Cette ville fut, en effet, au

L'Hôtel Dusy, par Grigny.

Moyen âge un centre littéraire et musical. Parmi les artistes illustres qu'elle a produits, citons en première ligne Adam de la Halle qui, banni, dit-on, pour une satire, alla finir doucement ses jours à la Cour de Naples. Son *Jeu de Robin et Marion* est, on le sait, un véritable opéra, le premier connu dans l'histoire.

Les trouvères Jean Bodel, Baude Fastoul, Jehan Bretel, Adenés li Rois, Gilbert de Berneville, illustrèrent Arras vers le même temps.

A la fin du xvᵉ siècle encore, Arras avait sa confrérie d'acteurs et de ménestrels dont le chef élu s'appelait *l'abbé de liesse*.

En 1237, saint Louis avait détaché le comté d'Artois du comté de Flandre pour apanager son frère Robert; ils furent de nouveau réunis à la fin du xivᵉ siècle.

Au xivᵉ siècle, Arras fut ensanglanté par des séditions populaires; au xvᵉ par les luttes de Charles VII et de Jean sans Peur, qui s'y réconcilièrent; puis par celles de Charles le Téméraire et de Louis XI et les cruautés de ce dernier.

Pour maîtriser l'opposition, Louis XI avait déporté la plupart des Arrageois dans des villes éloignées; Charles VIII rapporta ces mesures iniques.

De 1493 à 1640, Arras appartint à l'Espagne, et l'opinion populaire, qui prend si souvent le change, attribuait à l'art espagnol l'architecture de ses places. En réalité, elles étaient presque totalement antérieures ou postérieures à la domination de l'Espagne; la partie visible des maisons datant

Église Notre-Dame-des-Ardents
par Clovis Normand.

Photo Neurdein.

VUE PRISE DU JARDIN PUBLIC DE LA PORTE MÉAULENS.

de la seconde moitié du xviiᵉ siècle et leurs caves des xiiᵉ, xiiiᵉ et xivᵉ. L'hôte
de ville, il est vrai, remontait presque entièrement au xviᵉ siècle, mais ses
trois architectes connus étaient artésiens, son ordonnance gothique était
imitée de Saint-Quentin et d'Audenarde ; son aile de la Renaissance était
flamande, et c'est également à l'art des Pays-Bas qu'il fallait assimiler
toutes les pittoresques façades à pignons des places. Nulle trace dans tout
cela d'art espagnol. Comme en faisaient foi l'hôtel de ville et le haut du
beffroi, le style gothique a persisté très tard en Artois. C'est à ce style
qu'appartenait aussi l'église Saint-Jean-Baptiste, construite de 1565 à 1584.

La Renaissance gothique du xixᵉ siècle eut à Arras un de ses protago-
nistes, l'architecte Grigny. Cet artiste, romantique et fécond, y avait beaucoup construit entre 1840 et 1870 ; il avait élevé dans le style flamboyant
la très originale église des Bénédictines, et dans le style du xiiiᵉ siècle
celles de Saint-Géry et des Ursulines ; on admirait dans cette dernière un

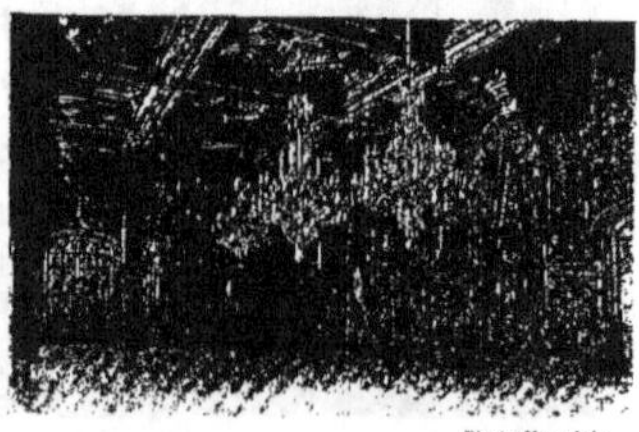

Photo Neurdein.

SALON MODERNE DE L'HÔTEL DE VILLE
par Grigny.

Photo Neurdein.

LE WETZ D'AMAIN. Ancien refuge de Saint-Éloi,
xviᵉ siècle.

étrange clocher aérien, restitution du monument de la Sainte-Chandelle ; l'architecture civile devait à son talent l'hôtel Deusy, agrémenté de deux échauguettes à claires-voies, les agrandissements et toute la décoration intérieure de l'hôtel de ville, comparable pour l'exubérance du décor aux architectures manuélines du Portugal.

Notre-Dame des Ardents, bâtie vers 1880 par l'architecte Clovis Normand, d'Hesdin, est une œuvre beaucoup mieux composée et l'un des meil-

Photo Neurdein.

PALAIS DE JUSTICE.
RUE SAINT-GÉRY ET BEFFROI.

Photo Neurdein.

LA RUE SAINT-NICOLAS
ET LA TOUR DE SAINT-JEAN-BAPTISTE.

leurs pastiches que l'on ait faits de l'art gothique. Le sculpteur Sturne en a exécuté la décoration, remarquable adaptation de motifs empruntés aux modèles régionaux de la fin du xiie siècle.

Un fort agréable jardin public avait été aménagé dans une partie des anciens terrains militaires, non loin de la très belle promenade des *Allées*, fraîche avenue d'ormes séculaires.

Avec la porte Baudimont, la citadelle, bâtie de 1670 à 1674, était le seul reste des fortifications. Elle renfermait de jolis bâtiments de brique et

Photo Neurdein.

LA PORTE BAUDIMONT.

Photo de l'Armée

LA CITADELLE ET SA CHAPELLE.

pierre ; la chapelle, isolée de ces bâtiments, offrait une façade délicieusement pittoresque dans son encadrement de grands arbres, qui la caressaient de leurs branches basses.

Depuis son retour à la France, vers le milieu du xviie siècle, Arras a vécu le plus souvent en paix, du côté extérieur s'entend, car les passions politiques qui ensanglantèrent cette ville au xive, puis au xve siècle se réveillèrent à la Révolution, pour susciter les Robespierre et Joseph Lebon.

Dans la tourmente révolutionnaire, la cité perdit ses plus beaux ornements, la cathédrale des xiie et xiiie siècles, une des plus remarquables de France, et l'édicule de la Sainte-Chandelle, monument unique d'une rare élégance.

On détruisit encore les deux portes intéressantes d'Hagerue (xiie siècle) et Saint-Nicolas (xiiie siècle) lorsque, dans les dernières années du xixe siècle, on démolit les remparts de Vauban pour créer des quartiers neufs et une gare monumentale, construite en brique et pierre, à l'unisson de la ville. De là partaient les nouveaux boulevards Faidherbe et Carnot, spacieux et rectilignes.

Photo Neurdein.

LE FAUBOURG RONVILLE ET LE CLOCHER DE SAINT-GÉRY.

Photo Lévy.

LA RUE ERNESTALE.

La Salle des Concerts.

Fontaine de Neptune.

Ils se raccordaient à un réseau très capricieux de vieilles rues, de largeur moyenne, certaines tirées au cordeau, d'autres sinueuses comme les allées d'un parc anglais. Comme les façades d'époques diverses, comme les enseignes renouvelées d'âge en âge sur le même thème, les noms de ces rues racontaient un peu d'histoire : c'étaient les rues Héronval, Méaulens, Ernestale, Ronville, aux Ours, des Quatre-Crosses, du Crinchon, du Péage, des Trois-Filloires, des Gauguiers (noyers dans le patois local), des Agaches (pies), des Teinturiers, des Vergeurs, des Trois-Visages, du Noble, des grands Vieziers (revendeurs) des Rapporteurs, de la Gouvernance, etc.

Le quartier central, justement réputé parmi les amateurs de couleur locale, groupait en un ensemble extrêmement original l'hôtel de ville, les deux places, l'abbaye de Saint-Vaast, et l'on peut dire que l'art avait donné à Arras le pittoresque que lui refusait la nature.

Sous un ciel aux sourires très intermittents, une population industrieuse et généralement aisée avait considéré de tout temps qu'il importait de se bien loger. Ses maisons témoignaient unanimement de ce souci, depuis les nouveaux boulevards jusqu'au bel hôtel du xiiie siècle, orgueil de la grande place. Quelques demeures remontaient aux xve et xvie siècles : presque toutes dataient des xviie et xviiie et du renouveau qui suivit le retour d'Arras à la Couronne de France. Cependant, sous ces demeures

L'ANCIENNE CATHÉDRALE
ET LE MIRACLE DE LA SAINTE-CHANDELLE.
Peinture sur bois, XVIᵉ siècle.

Photo Martin-Sabon.
HÔTEL DE VILLE.
Détail de l'aile de 1572,
par Mathias Terson.

contemporaines de Versailles, s'étendaient, se superposaient parfois des « boves », caves magnifiques du XIIᵉ au XIVᵉ siècle, attestant la beauté supé-

rieure qu'avait dû revêtir la ville gothique. Parmi ces souvenirs, une vaste
salle du XIVᵉ siècle, à deux nefs voû-
tées, était un vestige authentique des
étuves publiques, la seule construction de ce genre qui subsistât, je crois,
en France.

Le dehors des maisons était sobre
et propre, car, à chaque printemps,
le peintre y ravivait le rouge de la
brique et le blanc de la pierre. L'intérieur n'était pas moins bien entretenu :
le décor des boiseries, les cheminées
de marbre, la ferronnerie concou-
raient, avec les vieux mobiliers con-
fortables, les bons tableaux, et les
beaux livres, à rendre la vie aimable.

MAISON DU XIIIᵉ SIÈCLE
(pignons et tourelle du XVIᵉ siècle).

avec le secours de la bonne table et de caves judicieusement garnies.

A certains jours seulement, la vie s'extériorisait ; elle débordait alors avec exubérance.

Les rues d'Arras ressemblaient à ces fleuves du Midi, fougueux et abondants au lendemain d'une pluie, mais où, le surlendemain, on peut compter les gouttes d'eau.

Quatre ou cinq jours par semaine, c'était la ville morte, où rien ne troublait la pousse de l'herbe entre les pavés, la promenade silencieuse des chats, le picorement des pigeons dont les vols tournoyants s'abattaient sur les places.

Le dimanche, ces mêmes rues se remplissaient de promeneurs ; les vingt-six mille quatre vingts habitants prenaient l'air, mais le samedi c'était toute la population du canton qui venait au marché. Les jours de foire aux bestiaux ou aux grains, c'étaient tous les cultivateurs, tous les éleveurs de l'arrondissement qui s'y coudoyaient. C'est avec peine que ces jours-là les rues livraient passage aux charrettes et aux troupeaux. Les places s'étaient couvertes de tentes blanches ou vertes abritant l'étal des marchandes ; tout autour fourmillait et bourdonnait le peuple de la ville et des villages, marchandant, échangeant des nouvelles, discutant de politique locale. L'animation atteignait son comble dans l'âcre tabagie des estaminets. On y venait sceller les marchés, réconforter les vieilles amitiés, et cultiver les gastralgies en les arrosant de corrosives « bistouilles » et de cette bière d'Artois, que beaucoup aimaient, mais qu'il faut avoir connue avec le lait pour l'aimer.

Photo Neurdein.

PORCHE DE L'HÔTEL DE VILLE SUR LA PETITE PLACE.

En ces jours d'affluence, les pigeons se réfugiaient sur les toits, mais le lendemain dès l'aube, leurs bandes, frôlant de l'aile les portiques de grès, se gavaient du grain répandu, tandis que le gazon foulé relevait la tête

sous la rosée, et que les chats, rasant les murs de brique, retournaient,
l'œil oblique et méfiant, se mettre à l'affût des souris et des moineaux.

LA GRANDE PLACE.

La petite place était, de temps immémorial, le centre vénérable de la
cité. On ne croit pas cependant que la cité de Nemetocenna, conquise par

LA GRANDE PLACE UN JOUR DE MARCHÉ.

Photo Neurdein.

César, mentionnée par saint Jérôme et ruinée par les Barbares ait occupé
ce site. Quoi qu'il en soit, la petite place, reconstruite d'âge en âge avec

ses arcades, perpétuait nelle du forum, de médiévale faisait main. L'hôtel de ville place.

Ce palais gothique, 1517, était inspiré de Saint-Quentin. Un minces colonnes de de-chaussée voûté ; clairait largement par analogues à celles des s'ouvraient une série balustrade couronnait donnait le plus de truction, c'était son

Photo Neurdein.
PALAIS DE SAINT-VAAST.
PORTE DE LA COUR D'HONNEUR (ÉVÊCHÉ).

bien l'image tradition- même que la commune revivre le municipe ro- formait le fond de cette

construit de 1501 à l'hôtel de ville de étroit portique aux grès desservait le rez- l'étage supérieur s'é- de grandes fenêtres, églises ; entre elles d'œils-de-bœuf, et une les murs. Mais ce qui caractère à la cons- immense comble d'ar-

doise égayé par l'étagement de trois rangs de lucarnes à plomberies élégantes, couronnées de soleils dorés et de petites girouettes.

Le maître de l'œuvre est en 1513 Mahieu Martin ; était-il l'auteur de l'ensemble du monument ; on ne saurait l'affirmer.

LE PALAIS DE SAINT-VAAST, FAÇADE OCCIDENTALE ET JARDIN BOTANIQUE.

PALAIS DE SAINT-VAAST. LA BIBLIOTHÈQUE.

Photos Lévy.

PALAIS DE SAINT-VAAST. LE MUSÉE.

Le beffroi accolé à la façade postérieure de l'édifice était la partie la plus ancienne : commencé en 1463, il était achevé en 1499, mais il avait alors deux étages de moins que la tour que nous avons connue.

C'est de 1551 à 1573 que sa flèche avait fait place à deux étages octogones encore gothiques, œuvre d'un artiste artésien, Jacques le Caron de Marchiennes, natif de Vaux-les-Bapaume.

La couronne fermée terminale semblait le motif le plus original de cette construction ; ce n'était pourtant qu'une imitation du couronnement du beffroi d'Audenaerde, mais ce dernier étant plus bas que la toiture même de l'hôtel de ville, l'effet en était très différent.

En 1572, un autre artiste artésien, Mathias Tesson, était venu ajouter à ces bâtiments une aile dans le style flamand de la Renaissance, encore très riche et de beaucoup de caractère, mais chargée. Elle l'était moins, toutefois, que les embellissements touffus et les agrandissements opérés sous Napoléon III par l'architecte Grigny.

Photo Martin-Sabon.

MUSÉE D'ARRAS. TÊTE DE MARBRE
effigie funéraire, XIVe siècle.

CATHÉDRALE D'ARRAS. TÊTE DE CRUCIFIX,
bois, XVe siècle, provenant d'un calvaire érigé
sur une porte de la ville.

Église abbatiale de Saint-Vaast. Cathédrale actuelle.

La grande place avait été tracée sous Charles-Quint, mais presque entièrement bâtie aux xviie et xviiie siècles dans l'ordonnance uniforme commune aux deux places et à la rue de la Taillerie, qui les réunissait. C'étaient des maisons de brique avec chaînages et encadrements de pierre blanche, et au rez-de-chaussée un étroit portique de grès, formé d'arcs en anse de panier et de minces colonnes doriques.

Les maisons avaient chacune deux étages supérieurs et un pignon ondulé, composé d'un fronton cintré raccordé à deux grandes consoles renversées. Presque toutes ces maisons gardaient leurs enseignes de pierre, reproduisant celles, bien antérieures, des demeures qu'elles avaient remplacées.

Si l'architecture des places était nettement flamande, les bâtiments de Saint-Vaast, au contraire, montraient le style du xviiie siècle sans grand particularisme régional.

Élevés de 1754 à 1780, ils comprenaient l'église et tous les services de l'ancienne abbaye ; l'église avait remplacé au xixe siècle la magnifique cathédrale gothique et on l'avait achevée en 1833. Dans les bâtiments claustraux, on avait logé l'évêché, la préfecture, le musée, la bibliothèque, les archives, le séminaire et divers services moins importants.

L'architecte de ce vaste ensemble avait cherché à donner une impression de puissance. Les bâtiments de pierre à soubassements de grès avaient un rez-de-chaussée, voûté en anse de panier, et un étage dont quelques frontons coupaient la toiture aux centres des façades. Les motifs d'ornement, colonnes ioniques à l'intérieur ; pilastres, bossages, mascarons étaient répartis avec sobriété et traités d'une façon un peu banale.

Quant à la cathédrale, elle était surtout intéressante par les œuvres d'art
qu'elle contenait : tombeaux, statues, tableaux, reliquaires. On y remarquait
une mise au tombeau de Van Dyck, une descente de croix de Rubens, et
plusieurs triptyques du début du xvi° siècle, un saint Bernard de Van Thul-
den et deux œuvres du maître douaisien Jean Bellegambe. Le triptyque. de
la Légende des Ardents renfermait une précieuse vue de l'ancienne cathédrale.

L'architecture extérieure de l'église Saint-Vaast était en grès et en
pierre blanche ; l'intérieur en brique revêtue de plâtre ; on s'était efforcé
d'imiter l'architecture romaine sans trouver, toutefois, d'autre moyen
d'épauler les voûtes que des arcs-boutants, conformes à la tradition gothique.

Le musée contenait de fort intéressantes peintures : la bibliothèque,
héritière de celle de l'ancienne abbaye et d'autres monastères illustres, était
riche en beaux manuscrits à miniatures, de toutes époques. Elle renfermait
aussi un immense trésor de documents généalogiques recueilli au xviii° siècle par le Père Ignace.

Les archives comp-
taient parmi les plus
complètes et les plus cu-
rieuses que l'on pût citer.

Le musée renfermait
de bonnes toiles des xvii°
et xviii° siècles, des Té-
niers, des Watteau de
Lille, des œuvres intéressantes de Bassan, Breu-
ghel de Velours, P. Neef.
Jordaens et autres maî-
tres ; parmi les modernes
un beau Corot, les toiles
de l'Artésien Constant
Dutilleux, des Chigot,
des Tattegrain ; une cu-
rieuse œuvre de jeu-
nesse de Jules Breton,
scène d'intérieur sortant
de sa manière habituelle.

Dans les galeries archéologiques, on remarquait de belles séries d'antiquités et de bijoux mérovingiens et de beaux débris de l'ancienne cathédrale : chapiteaux de la fin du xiie siècle, tombe en mosaïque de l'évêque Frumaud (1183), belles sculptures funéraires des xive et xve siècles, spécialement, de la première époque, une délicieuse tête de femme en marbre, et de la seconde un impressionnant cadavre décomposé.

Après la tourmente révolutionnaire, Arras avait pieusement recueilli ces débris et restauré avec zèle, trop de zèle parfois, ses monuments épargnés. La destruction de deux portes intéressantes avait encore suivi, il y a quinze ans, la démolition de l'enceinte de Vauban.

Depuis lors, la ville s'étendit et développa son industrie, confiante en un avenir pacifique et jouissant du bien-être présent. Ainsi vivaient au ive siècle les cités des Atrébates et des Morins ; ainsi font les oiseaux inoffensifs qui s'ébrouent et picorent tout près de la gueule et des griffes d'un félin qui semble endormi et bonasse.

On sait quel fut, à la fin de juillet 1914, le brusque sursaut de la bête traîtresse.

Photo Lévy.

Un Moulin aux environs d'Arras.